ABENTEUERTRAINING

DEUTSCH:

Rund ums Fernsehen

Spielerische Übungen für das 3. und 4. Schuljahr

Mit Lösungsheft, Bastelbogen und Rätselspiel

Alfred Detter / Elisabeth Fuß / Wolfgang Heimlich

Ernst Klett Verlag für Wissen und Bildung
Stuttgart · Dresden

Fotonachweis:
S. 6: Bildarchiv Engelmeier, München; S. 9: Kinoarchiv Engelmeier, Hamburg; S. 11: R. Hirschmann GmbH & Co., Neckartenzlingen (Antennen)/Rudolf A. Klem, Stuttgart; S. 15: Deutsche Verlagsanstalt, Stuttgart/© Telekom/Archiv für Kunst und Geschichte (AKG), Berlin; S. 16: R. Hirschmann GmbH & Co., Neckartenzlingen/Firma Grundig, Berlin/Rudolf A. Klem, Stuttgart; S. 17: © Heinz Kurth, GB-Surrey; S. 20: Medienteam AV, Linden; S. 21: Manfred B. Limmroth; S. 24: Kinoarchiv Engelmeier, München (Winnetou III, Zwei Kamele auf einem Pferd, Robin Hood); S. 31: Medienteam AV, Linden; S. 33: Kinoarchiv Engelmeier, Hamburg (Winnetou III)/Bildarchiv Engelmeier, München (David Hasselhoff); S. 34: Buchagentur Intermedien-Gesellschaft mbH & Co., Ambach; S. 35/36: Bavaria Bildagentur, Gauting; S. 37: Kinoarchiv Engelmeier, Hamburg; S. 41: AKG, Berlin; S. 42: Firma Grundig, Berlin; S. 43: AKG, Berlin
S. 56: Idee und Graphik: Ursula Lassert, Düsseldorf

Literaturnachweis:
S. 5/10: © by Alfons Schweiggert; S. 21: © by R. Hanisch; S. 46: © by Hans Stempel und Martin Ripkens

Gedruckt auf Papier, das aus chlorfrei gebleichtem Zellstoff hergestellt wurde.

Die Deutsche Bibliothek – CIP-Einheitsaufnahme

Detter, Alfred:
Rund ums Fernsehen: Spielerische Übungen für das 3. und 4. Schuljahr;
mit Lösungsheft, Bastelbogen und Rätselspiel /
Alfred Detter/Elisabeth Fuss/Wolfgang Heimlich.
– 1. Aufl. – Stuttgart; Dresden: Klett, Verlag für Wissen und Bildung, 1995
(AbenteuerTraining Deutsch)
ISBN 3-12-929620-4

1. Auflage 1995
Alle Rechte vorbehalten
Fotomechanische Wiedergabe nur mit Genehmigung des Verlages
© Ernst Klett Verlag für Wissen und Bildung GmbH, Stuttgart 1995
Layout und Graphiken: Nina Weinreich, Stuttgart
Einbandgestaltung: CALICO, Stuttgart
Satz und Repro: Schwabenverlag, Ostfildern
Druck und Bindung: Druckerei zu Altenburg, Altenburg
ISBN 3-12-929620-4

Inhalt

Vorwort 4

I Fernsehbilder – woher?

Bilder fliegen durch die Luft 5
Wo werden die Bilder hergestellt? 6
Nicht zu sehen – doch geschehen! 9
Wie kommen die Fernsehbilder zu uns? 10
Bilder aus dem Weltall 13

II Fernsehbilder entstehen

Was geschieht eigentlich im Fernseher? 16

III Fernsehbilder auswählen

Verschiedene Wellen, Kanäle, Programme 18
Nur für Kinder! 19
Du hast die Wahl – Programmhinweise 22
Mein Wunschprogramm 27
Charly kann sich nicht entscheiden 29

IV Fernsehbilder in uns

Ist Fernsehen wirklich bloß sehen? 30
Was geschieht mit unserem Körper? 31

V Fernsehbilder – wirklich wahr?

Es spielte 33
Das gibt's nur bei Film und Fernsehen! 34
Bilder sagen nicht immer die Wahrheit 35
Was Fernsehbilder verstecken 37
Bild + Bild + Bild + ... = Zeichentrickfilm 39

VI Fernsehbilder früher – heute

Vom Fernhören zum Fernsehen 41
Du mußt nichts fürs Fernsehen bezahlen! 44

VII Mach' dir selbst ein Bild!

Ri-ra-rutsch, das Fernsehbild ist futsch! 46
Das Knöchelchenspiel 49
Mein fernsehfreier Tag 50
Fernsehen im Kopf 51
Erfinde ein Drehbuch! 52
„Fernseh-Wörter"-Abc 54

Rätselspiel: Was findet hier statt? 56

Anhang

A–F: Bastelbogen; Lösungsheft (mit Informationen für die Eltern)

Vorwort

Hallo, liebe(r) _____!
(Trage hier deinen Namen ein)

Hast du schon einmal überlegt, wie Winnetou zu dir nach Hause auf den Bildschirm kommt? Oder ob der Drache Fuchur aus dem Film „Die unendliche Geschichte" tatsächlich durch die Lüfte fliegt, so wie wir das im Fernsehen oder Kino sehen?

In diesem Buch findest du viele spannende Informationen zum Thema Fernsehen. Du kannst z. B. bei Dreharbeiten hinter die Kulissen schauen und erfährst, wieviel Technik nötig ist, damit die Bilder auf Sendung gehen können. Sicher interessieren dich auch die vielen kleinen und großen Tricks, die heute beim Filmen angewendet werden und die wir meistens gar nicht bemerken.

Dieses Buch zeigt dir auch, wie du erkennen kannst, ob ein Fernsehfilm für dich geeignet ist. Und es gibt dir Tips, was du außer Fernsehen noch tun kannst. Genauso spannend wie ein Film ist es nämlich, ein Daumenkino zu basteln oder das Drehbuch zu einem Abenteuerfilm zu schreiben! Deshalb enthält das Buch viele Bastel- und Spielideen, die dir sicherlich Spaß bereiten werden.

Hier sind ein paar kleine Tips, die dir beim Umgang mit diesem Buch helfen:

> Auf vielen Seiten findest du Aufgaben. Manche davon sind ein bißchen knifflig, aber mit etwas Knobeln kannst du bestimmt die Antworten herausfinden! Die kleinen Gegenstände vor den Aufgaben (Bleistift, Fragezeichen, Lupe und Mikrofon) zeigen dir, was du jeweils tun sollst: schreiben oder malen, nachdenken, etwas nachschauen oder jemanden befragen.
>
> Ganz hinten im Buch findest du das Lösungsheft. Es sagt dir, ob du die richtigen Antworten gefunden hast. Die Lösungen und Erklärungen haben dieselben Nummern wie die Aufgaben im Buch. Manchmal gibt es auch keine eindeutige Lösung (z. B. wenn du jemanden befragen sollst).
>
> Ganz hinten findest du auch alle Bastel- und Spielbogen.

Am Ende des Buches wartet außerdem ein tolles Rätselspiel auf dich.

Wir wünschen dir viel Spaß!

Autoren und Verlag

Fernsehbilder – woher?

Bilder fliegen durch die Luft

*Bilder fliegen durch die Luft,
Tag um Tag und Jahr um Jahr,
tausende und abertausend.
Sie sind für uns unsichtbar.*

*Auf den Dächern vieler Häuser
stehen die Antennenstangen,
die die unsichtbaren Bilder
mit den Eisenarmen fangen.*

*Vor den großen Fernsehkästen
sitzen Kinder, Männer, Frauen.
Tag um Tag und Jahr für Jahr,
und sie schauen, schauen, schauen.*

Auch du schaust fern!
Aber hast du dir schon einmal überlegt,
wie die Fernsehbilder in euren Fernseher
kommen?

Ob das wirklich so ist, wie das Gedicht
erzählt? Da steckt doch sicher mehr
dahinter! Auf den nächsten Seiten kannst
du das erfahren.

Wo werden die Bilder hergestellt?

Ins Fernsehstudio kommen Ansagerinnen, Nachrichtensprecher, Schauspieler, Sänger, Quizmaster, Politiker... – einfach alle Personen, die uns berichten oder unterhalten wollen. Das Aufnahmeteam arbeitet mit ihnen zusammen.

Bühnenarbeiter haben schon die Kulissen aufgestellt.

Die Maskenbildnerin schminkt die Personen, die auf dem Bildschirm zu sehen sind.

Beleuchter richten Scheinwerfer so aus, daß alle Personen im besten Licht zu sehen sind.

Der Tonmeister hält sein Mikrophon an einer langen Stange so über die Leute, daß alle gut zu hören sind.

Der Regisseur gibt Schauspielern, Sprechern und Kameraleuten seine Anweisungen vom Kontrollraum aus.

Mehrere Kameramänner oder Kamerafrauen bedienen die großen fahrbaren Kameras. Durch den Sucher der Kamera beobachten sie die Szene, die gespielt wird.

Weil mehrere Kameraleute gleichzeitig filmen, gibt es viele verschiedene Bilder von einer Szene. Alle Bilder werden zusammen mit den Tönen und Geräuschen über elektrische Leitungen in den Kontrollraum übertragen.

 1. Findest du die verschiedenen Mitarbeiter im Bild? Male sie an. Benütze die Farbe, in der ihr Beruf geschrieben ist.

Im Kontrollraum wird der Fernsehfilm nun zusammengestellt. Auf vielen kleinen Bildschirmen sieht der Regisseur all die verschiedenen Bilder der einzelnen Kameras.

Manche zeigen die ganze Szene. Der Regisseur nennt das

ELATOT ← (Lies so!)

Manche zeigen Nahaufnahmen. Der Regisseur nennt das

TTINHCSSUA ← (Lies so!)

Von all diesen Bildern wählt der Regisseur die besten aus. Diese ausgesuchten Bilder siehst du zu Hause im Fernsehapparat.

Natürlich wird im Kontrollraum vorher geprüft, ob das Bild gut ist. Der Bildingenieur überwacht die Bildqualität.

Der Toningenieur überprüft die Tonqualität. Sind alle Personen zu verstehen? Stören keine Geräusche? Passen Bild und Ton zusammen?

 a)  b)

c) „Die Gewinnzahlen vom Wochenende ..." d) „Der Wetterbericht"

2. *Entscheide du!*
Male die Bilder, die auf Sendung gehen, bunt an.

Viele Menschen arbeiten zusammen, damit du fernsehen kannst.
Erinnerst du dich, welche Berufe sie haben?

3. Lies die Spiegelschriftwörter.
Schreibe das richtige Wort auf.

		Beleuchter	Beleuchter
		Bühnenarbeiter	Bühnenarbeiter
		Maskenbildner	Maskenbildner
		Toningenieur	Toningenieur
		Regisseur	Regisseur
		Kameramann	Kameramann
		Nachrichten-sprecher	Nachrichten-sprecher
		Quizmaster	Quizmaster

4. Nicht alle Personen, die im Studio zusammenarbeiten, haben wir dir vorgestellt. Willst du noch weitere Mitarbeiter kennenlernen, dann lies den Abspann am Ende eines Films. In einer langen Liste werden da alle Mitarbeiter mit Namen und Beruf genannt.

5. Du kannst bestimmt noch 5 Berufe finden! Trage sie hier ein. Das „Fernseh-Wörter"-Abc auf Seite 54 hilft dir, wenn du beim Schreiben unsicher bist.

_____
_____
_____
_____
_____

Nicht zu sehen – doch geschehen!

Das ist der Film, der gedreht wird. Dabei ist im Studio vieles zu sehen, was du zu Hause auf dem Bildschirm nicht entdecken kannst.

Stell dir nun vor:
Was kannst du als Pan Tau sehen?
Was kannst du als Kameramann sehen?

Würfle! Der Würfel sagt dir, welche Rolle du und deine Mitspieler einnehmen.

Überlegt zuerst, was ihr sehen könnt. Schreibt dann alles auf einen Notizzettel auf.

Für jedes richtige Stichwort gibt es einen Punkt. Das Lösungsheft hilft euch dabei.

Wer hat die meisten Punkte?

Was siehst du als ...
- Zuschauer im Studio
- Pan Tau
- Kameramann bei den Aufnahmen
- Mann im Kontrollraum
- Fernsehzuschauer daheim

Du hast freie Wahl!

 Ein Blatt mit weiteren Spielen findest du hinten im Buch auf dem Bastelbogen A.

Wie kommen die Fernsehbilder zu uns?

Im Studio sind für die Zuschauer die besten Bilder ausgesucht, Ton und Geräusche dazugeschaltet worden. All das mußte sehr schnell gehen, denn der Film wird jetzt gleich ausgestrahlt.

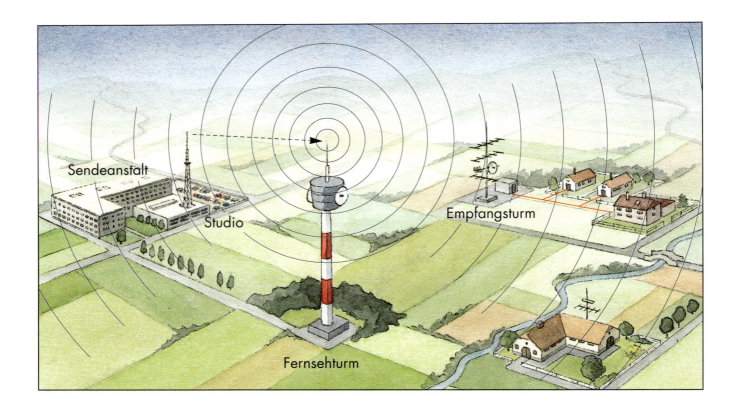

Das ist der Weg der Bilder:

Ein Sender schickt die Bilder, Töne und Geräusche über elektrische Wellen unsichtbar durch die Luft. Solche Sender befinden sich auf den hohen Fernsehtürmen. Dadurch können die elektrischen Wellen auch Häuser, sogar Wolkenkratzer und Berge überwinden.

So erreichen die Bilder über Schwingungen eure Fernsehantenne auf dem Hausdach. Sie fängt die Wellen auf und gibt sie an den Fernseher weiter.

In manchen Orten gibt es einen großen Empfangsturm. Er fängt die Wellen auf. Über Kabel unter der Erde werden sie an alle Häuser weitergeleitet. Fernsehantennen auf den Dächern sind nicht mehr nötig.

Wenn der Transport der Wellen z.B. durch ein starkes Gewitter oder einen heftigen Sturm gestört wird, flimmert dein Bildschirm.

 1. Wie erreichen dich die Fernsehbilder?
Schau zu Hause nach:

      im Dachboden
      oder im Keller
      oder in den Zimmern!

Was hast du bei dir daheim gefunden?

 2. Verbinde die passenden Silben, dann
erfährst du die Namen der Geräte!
Schreibe sie unten auf.

Sa		An		Ka			
	tel		ten		bel		
Fern		li		nen		an	
	seh		ten		ka		schluß
TV		an		schüs		bel	
	Steck		ten		sel		
		do		ne			
		se					

_____

_____

_____

_____

3. Du weißt nun genauer, wie die Fernsehbilder in deinen Fernseher gelangen. Schreibe die ersten beiden Strophen des Gedichtes um, so daß sie davon erzählen!

> Bilder fliegen durch die Luft,
> Tag um Tag und Jahr um Jahr,
> tausende und abertausend.
> Sie sind für uns unsichtbar.

_____
_____
_____
_____

> Auf den Dächern vieler Häuser
> stehen die Antennenstangen,
> die die unsichtbaren Bilder
> mit den Eisenarmen fangen.

_____
_____
_____
_____

> Vor den großen Fernsehkästen
> sitzen Kinder, Männer, Frauen.
> Tag um Tag und Jahr für Jahr,
> und sie schauen, schauen, schauen.

 4. Trifft die dritte Strophe vielleicht auch auf dich zu?

Bilder aus dem Weltall

Fernsehsendungen kommen aus aller Welt:

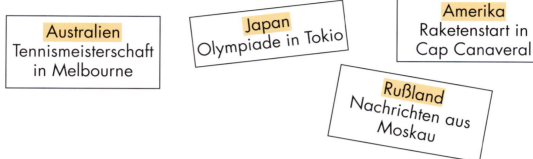

 1. Suche diese Länder auf einem Globus!

Jetzt kannst du sicher verstehen, daß hier Fernsehtürme nicht mehr ausreichen, um Bilder rund um die Welt zu schicken. Die weiten Meere, die hohen Berge und auch die Rundung der Erde sind für die elektrischen Wellen Hindernisse.

Deswegen schickten die Menschen Fernsehsatelliten in den Weltraum. Hoch über der Erde schweben sie. Nur über Satelliten können elektrische Wellen über die Hochhäuser der Städte, über hohe Gebirge, weite Meere rund um die Erde gelangen.

Nur wenige Sekunden brauchen Fernsehbilder aus New York, um zu dir zu gelangen.

 2. Überlege, welch weiten Weg die elektrischen Wellen zurücklegen. Das Bild auf der nächsten Seite hilft dir dabei.

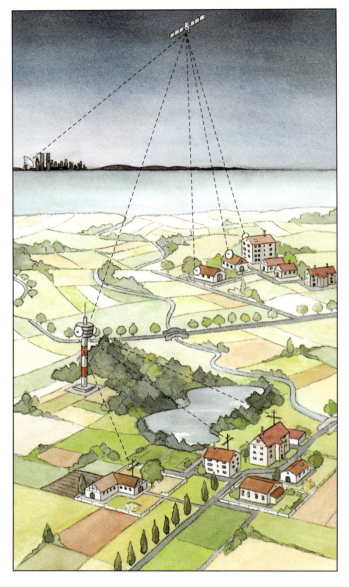

1 Eine große Parabolantenne in Amerika schickt Bilder über elektrische Wellen zum Satellit im Weltall. Er schwebt 36000 km hoch über der Erde.

2 Der Satellit empfängt diese elektrischen Wellen. Blitzschnell sendet er sie weiter, zurück zur Erde.

3 Alle Satellitenschüsseln an den Häusern empfangen die Wellen gleich vom Satellit. Auch Fernsehtürme haben Satellitenschüsseln. Sie fangen die Wellen aus dem Weltall ebenfalls auf. Dann leiten sie diese über Kabel oder Antennen an Haushalte weiter, die keine Satellitenschüssel besitzen.

4 So kannst du z.B. Bilder aus New York sehen. Diese amerikanische Stadt ist mehr als 6000 km von Deutschland entfernt. Bilder aus Australien kommen sogar aus 20000 km Entfernung zu dir.

3. Zeichne mit Pfeilen den Weg der elektrischen Wellen nach!

Satellit im Weltall

Parabolantenne

Fernsehturm in Berlin

 4. Wenn du die richtigen Antworten in dieses Rätsel einträgst, findest du den gesuchten Lösungssatz.

1. Empfangsgerät auf dem Hausdach

2. Leitung, die unterirdisch Bilder transportiert

3. Schützt nicht vor Regen, zeigt Bilder

4. Er hat das Sagen bei den Fernsehaufnahmen

5. Hoch über uns, für uns unsichtbar

6. Jemand, der ein-, aber auch ausschalten kann

7. Riese aus Beton und Eisen, schickt Wellen aus

8. Zimmer der hundert Bildschirme

9. Aufnahmeraum

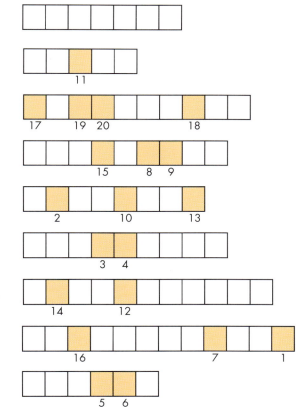

Lösungssatz:

II Fernsehbilder entstehen

Was geschieht eigentlich im Fernseher?

Die Fernsehantenne fängt die elektrischen Wellen auf und leitet sie zum Fernsehgerät weiter.

Das Fernsehgerät verwandelt die Wellen wieder in Bilder, Töne und Geräusche.

Soviel Technik ist dazu nötig!

 1. Wenn du weitere Information über diese Technik haben möchtest, frage in einem Fachgeschäft für Fernseher nach!

Wenn man das Fernsehbild sehr stark vergrößern würde, sähe das Bild so aus:

Du siehst, daß ein Bild aus Tausenden von Punkten besteht.
Ein elektrischer Strahl „saust" auf der Rückwand des Bildschirms
Zeile ⟶
für ⟶
Zeile ⟶
von oben nach unten ab. Er bringt einen Punkt nach dem anderen zum Aufleuchten.
Einige Stellen leuchten stärker, andere schwächer, je nachdem, ob dieser Teil des Bildes heller oder dunkler sein soll.
Das geschieht so schnell, daß wir nur das ganze, fertige Bild sehen.

 2. Stelle selbst solche Punktbilder her!

 3. Erprobe, was passiert! Halte ein Punktbild nahe vor deine Augen. Und nun schau dir das Punktbild aus der Ferne an!

 Auf dem Bastelbogen B hinten im Buch findest du ein Memory mit Punktbildern.

III Fernsehbilder auswählen

Verschiedene Wellen, Kanäle, Programme

Jedes Fernsehgerät kann unterschiedliche Wellen in Bilder verwandeln. So können wir verschiedene Programme empfangen.

1. Welche Programme kennst du? Male die Abkürzungen ihres Namens an. Wenn du alle Programmabkürzungen gefunden hast, entsteht ein Muster.

ARD	XYZ	ZDF	ESSO	BR	usw.	SAT	BMW	RTL
ABC	Pro 7	BP	DSF	BRD	WDR	BMX	ORF	km
VOX	2. Kl.	3 SAT	Nr.	n-tv	VW	arte	USA	RTL 2

2. Nimm die Tageszeitung oder eine Fernsehzeitschrift, schneide Namen und Sendezeichen der Programme aus. Klebe sie ein!

3. Kreuze an, welche Programme du bei dir zu Hause empfangen kannst!

Nur für Kinder!

Fr

FÜR KINDER

7.44 KK 413-686-353
Bim Bam Bino
Spaß mit Bino   171 Min.

7.50 RTL 2   1-766-044
Vampy
Buntes Programm   65 Min.

12.54 KK   455-095-711
Bim Bam Bino
Spaß mit Bino   186 Min.

13.15 RTL 2   60-681-334
Vampy
Buntes Programm   220 Min.

14.30 ZDF   27-957
ab 6 J. **Siebenstein**
Der Beinahe-Flug   25 Min.

14.55 ZDF   940-599
ab 8 J. **1 – 2 oder 3**
Lustiges Ratespiel
Thema: Außerirdische
Gibt es wirklich Außerirdische? Oder existieren zwischen Mond, Sonne und Sternen keine anderen Lebewesen außer den Menchen? Biggi Lechtermann will mit den Kandidaten der Sache auf den Grund gehen   25 Min.

15.40 ARD   7-471-247
ab 6 J. **Oglu – Das freche Drachenmonster**
Zeichentrickfilm   100 Min.

16.05 3SAT   5-845-044
ab 6 J. **Rupert, der Bär**
Drachen und Ritter   25 Min.

17.30 N3   571-570
ab 6 J. **Der kleine Vampir**
Unruhe im Keller   30 Min.

17.55 PRO 7   76-228
ab 6 J. **Familie Feuerstein**
Zeichentrickserie   30 Min.

18.00 N3   589-599
ab 5 J. **Hallo Spencer**
Der Wetterstein   30 Min.

Sa

FÜR KINDER

7.05 ZDF   9-322-366
ab 6 J. **Der falsche Prinz**
Märchenfilm nach Wilhelm Hauff   90 Min.

8.05 ARD   5-799-182
ab 6 J. **Die Prinzessin auf der Erbse**
Märchenfilm nach Hans Christian Andersen   85 Min.

8.35 ZDF   5-772-057
ab 4 J. **Mio, mein Mio**
Schwedischer Film nach Astrid Lindgren   96 Min.

9.55 ARD   3-757-881
ab 6 J. **Käpt'n Blaubär Club**
Weihnachtskutter   55 Min.

9.55 RTL   95-888-989
ab 8 J. **Disney & Co.**
Cartoons und Spiele   80 Min.

10.35 ZDF
ab 4 J. **Lotta**
Heute: Ein Weihnachtsbaum muß her   25 Min.

10.50 ARD   1-223-811
ab 4 J. **Zauberer Schmollo**
Mit der Augsburger Puppenkiste   30 Min.

11.00 ZDF
ab 9 J. **Die Jagd nach der Amphore**
Andreas findet eine neue Spur   30 Min.

13.15 ZDF   7-237-163
ab 5 J. **Das kleine Gespenst (1)**
Vierteiliger Zeichentrickfilm nach Otfried Preußler (Die weitere Teile folgen So., Mo., Di.)   25 Min.

13.30 ARD   462-347
ab 6 J. **Disney Club**
Alle Jahre wieder: Wir warten aufs Christkind   90 Min.

14.05 SAT.1   6-322-163
ab 8 J. **Felix und der Außerirdische**
Frz. Kinderfilm (1991)
Auf ganz ungewöhnliche Weise versucht der Tierarzt Nicolas, seinem leukämiekranken Sohn Felix zu helfen   100 Min.

So

FÜR KINDER

7.40 ZDF   3-889-286
ab 9 J. **Auf den Spuren von Sherlock Holmes**
Die verschwundene Diplomatentasche   25 Min.

8.20 ARD   9-754-915
ab 8 J. **Disney Club**
Unterhaltsame Kinder- und Familienshow   85 Min.

9.45 ARD   3-080-129
ab 4 J. **Die Sendung mit der Maus**
Sachgeschichten   30 Min.

10.15 ZDF   8-005-880
ab 6 J. **Neue Abenteuer mit Black Beauty**
Mit der Folge: Das gesunkene Schiff   20 Min.

10.35 ZDF   2-115-731
ab 9 J. **Achterbahn**
Die weiße Krähe   30 Min.

10.59 KK   437-727-335
Bim Bam Bino
Spaß mit Bino   186 Min.

11.05 ZDF   6-790-606
ab 6 J. **Siebenstein**
Verflixte Wünsche
Siebenstein ist nicht zufrieden: Sie möchte gerne dünner werden, mehr Geld verdienen, und ihr Laden soll moderner aussehen
Mit Adelheid Arndt   25 Min.

13.20 ARD   634-267
ab 6 J. **Blinky Bill**
Teures Vergnügen   30 Min.

14.30 N3   757-083
ab 6 J. **Fury** SW
Diesmals: Der Rettungsschwimmer   30 Min.

18.00 N3   963-557
ab 3 J. **Sesamstraße**
Mit Samson   30 Min.

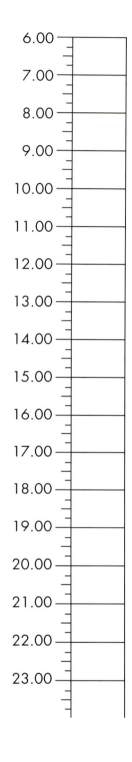

6.00
7.00
8.00
9.00
10.00
11.00
12.00
13.00
14.00
15.00
16.00
17.00
18.00
19.00
20.00
21.00
22.00
23.00

1. Das ist das Fernsehangebot für ein Wochenende. Male die Zeitleiste farbig an, wann immer Kindersendungen zu sehen sind.

2. Welche Sendungen schaust du noch an? (Auch nach 20.00 Uhr?)

3. Was sagen deine Eltern, wenn du abends oder nachts fernsehen willst?

_____
_____
_____
_____
_____
_____

Fernsehen ist oft interessant. Du kannst Neues lernen. Manchmal ist Fernsehen sogar sehr unterhaltsam. Du hast Spaß daran. Fernsehen berichtet aus der ganzen Welt. Du bist informiert.

Aber:
– Sprecht ihr noch miteinander?
– Spielt ihr noch miteinander?
– Geht ihr noch an die frische Luft?
– Kennt ihr den Wald, die Wiese, den Garten, den Bach in eurer Nähe oder kennt ihr nur Fernsehbilder?
– Habt ihr noch genügend Zeit zu lesen und zu basteln?

Schau dir dazu die Bildergeschichte und das Gedicht auf der nächsten Seite an!

✏️ **4. Pia will etwas erreichen!**
Schreibe zu jedem Bild einen Satz auf, den Pia an ihren Vater richten könnte.

Pia: „_____!"

Pia: „_____!"

_____

_____

_____

_____

✏️ **5.** Das Gedicht erzählt dir, was Martina, die Maus, erlebt hat. Lies es zuerst. Martina sollte doch mehr sagen als nur „Tschüßchen". Dir fällt bestimmt Besseres ein!

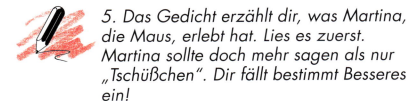

_____
_____
_____
_____
_____

ENTTÄUSCHT

Martina, die Maus,
zog sich an und ging aus.
Wohin?
Mal eben ins Nachbarhaus.
Wollte schwatzen.
Da saßen die Mäuse
steif und stumm
um den Fernsehkasten herum.
Sahen Micky-Maus.
Martina sprach nur
ein einziges Wort.
Dann ging sie leise,
ganz leise fort.
Weinte ein bißchen.
„Tschüßchen!"

Du hast die Wahl – Programmhinweise

In allen Fernsehzeitschriften erhälst du Programmhinweise. Sie helfen dir bei der Auswahl der Sendungen. Ganz verschieden sehen sie aus! Manchmal sind sie gezeichnet:

15.03–16.08
Kinderstudio

1. Gibt es in deiner Fernsehzeitschrift auch solche gezeichneten Hinweise? Male sie ab.

Oft verrät dir auch nur ein Wort, um welche Sendung es sich handelt. Da solltest du dich auskennen!

2. Ordne richtig zu und trage die Buchstaben ein. Sie ergeben von oben nach unten gelesen ein Lösungswort.

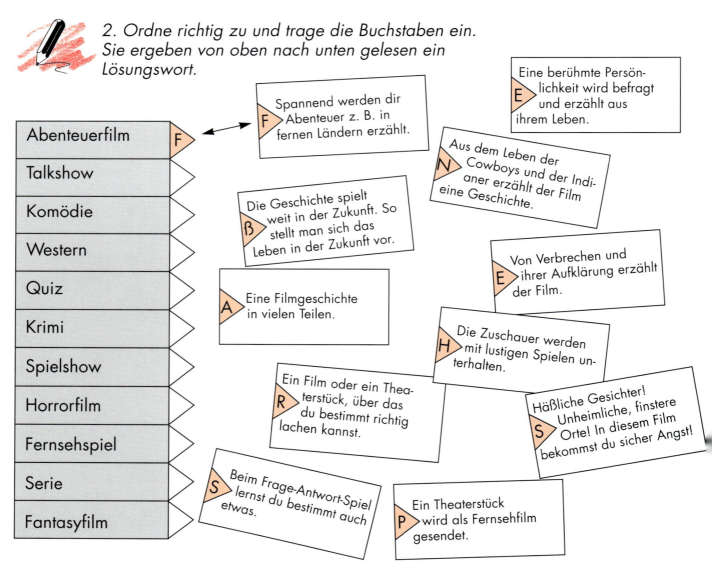

- Abenteuerfilm — F — Spannend werden dir Abenteuer z. B. in fernen Ländern erzählt.
- Talkshow — E — Eine berühmte Persönlichkeit wird befragt und erzählt aus ihrem Leben.
- Komödie — R — Ein Film oder ein Theaterstück, über das du bestimmt richtig lachen kannst.
- Western — N — Aus dem Leben der Cowboys und der Indianer erzählt der Film eine Geschichte.
- Quiz — S — Beim Frage-Antwort-Spiel lernst du bestimmt auch etwas.
- Krimi — E — Von Verbrechen und ihrer Aufklärung erzählt der Film.
- Spielshow — H — Die Zuschauer werden mit lustigen Spielen unterhalten.
- Horrorfilm — S — Häßliche Gesichter! Unheimliche, finstere Orte! In diesem Film bekommst du sicher Angst!
- Fernsehspiel — P — Ein Theaterstück wird als Fernsehfilm gesendet.
- Serie — A — Eine Filmgeschichte in vielen Teilen.
- Fantasyfilm — ß — Die Geschichte spielt weit in der Zukunft. So stellt man sich das Leben in der Zukunft vor.

3. Suche in deiner Fernsehzeitschrift Beispiele und trage sie hier ein!

Zeichentrickfilme _____

Abenteuerfilme _____

Dokumentation _____

Talkshow _____

Komödie _____

Western _____

Quiz _____

Drama _____

Spielfilm _____

Thriller _____

Spielshow _____

Krimi _____

Fernsehspiel _____

Horrorfilm _____

Serie _____

Fantasyfilm _____

 4. Nicht alle Arten von Fernsehsendungen sind für Kinder geeignet. Das weißt du aber auch selbst. Streiche sie aus der Liste oben.

 Ein Dominospiel mit spannenden Kindersendungen findest du hinten im Buch auf dem Bastelbogen C.

In vielen Fernsehzeitschriften findest du sogar Hinweise, ab welchem Alter Filme von Kindern erst gesehen werden sollten. Man sagt, die Filme sind geeignet ab 6 Jahren oder ab 10 Jahren oder …

5. Schau nach! Hättest du das gedacht?

6. Kontrolliere, ob deine Lieblingssendungen für dein Alter geeignet sind!

Zu vielen Filmen werden in Fernsehzeitschriften kurze Beschreibungen abgedruckt. Diese erzählen dir in ganz besonderer Weise den Inhalt des Filmes schon im voraus.

Robin Hood
König der Diebe

O: Prince of Thieves
USA 1991
R: Kevin Reynolds; D: Kevin Costner
FSK ab 12

England/Nottingham:
Robin Hood und seine Freunde bestehlen die Reichen der Stadt Nottingham. Die Beute verteilen sie an die Armen. Der Sheriff jagt Robin und seine Freunde unerbittlich. Gefahr für Robin!

7. Diesen Film würdest du sicher gerne sehen. Warum?

8. Macht dich der Kurzbericht neugierig? Unterstreiche alle Wörter zum Film „Robin Hood" auf der vorherigen Seite, die dich neugierig machen!

 9. Stellst du dir schon eine Filmszene vor? Zeichne sie in diesen Rahmen ein.

 10. Passen die Wörter, die dich neugierig machten, zu deinem Bild?

Wörter wie z.B. „Gefahr", „Beute", „jagen" oder „Sheriff" wecken in dir Vorstellungen. Sie versprechen: Der Film wird spannend. Du wirst neugierig, wie die Geschichte ausgeht.

Genau das wollen die Verfasser dieser Kurzberichte erreichen!
Wenn du neugierig bist, was im Film wohl geschieht und wie die Geschichte ausgeht, schaltest du den Fernseher ein.

11. Kreuze an! Welche der folgenden Sendungen würdest du gerne sehen?

- ☐ Herzblatt
- ☐ Gefangene der Sarazenen
- ☐ Ein Mann kehrt heim
- ☐ Geschichten aus dem Leben
- ☐ Das Geheimnis der roten Sieben
- ☐ Wein ist dicker als Blut
- ☐ In Wald und Flur
- ☐ 20 000 Meilen unter dem Meer
  Kapitän Nemo besteht Abenteuer
  in den Tiefen der Weltmeere

- ☐ Es geschah um Mitternacht
- ☐ Abendstudio
- ☐ Tödliche Feier
- ☐ Sandmännchen
- ☐ Monster des Schreckens
- ☐ Heimatmusik aus Schwaben
- ☐ Magazin: Aktuelle Probleme
- ☐ Zwei Supertypen in Miami
  Detektiv Extralarge erfährt von der
  Entführung. Er glaubt nicht daran.
  Doch dann geschieht…

12. Prüfe nun nach: Welche Wörter haben dich neugierig gemacht? Kreise sie ein.

13. Fernsehstörung! Stttöööörrrruuunnngggg!!! Findest du trotzdem heraus, wie das Programm sein kann?

aaaauuuuffffrrrreeegggggeeennnndd _____

lllluuuusssstttiiiiggggg _____

uuunnnnttttteerrrhhhhaaalllttttsssaaammm _____

llaaannnnggggweeiiillliiigg _____

ttttrrrraaaauuuurrriiigggg _____

gggrrruuussseeellliiigg _____

kkkooommmmiiiisssscccchhh _____

Mein Wunschprogramm

Brigitte hat so ausgewählt:

Kea – ein lustiger Papagei aus Neuseeland	16.30	17.10	40 Min.
Bugs Bunny	17.50	18.00	10 Min.

 1. Stelle für einen Tag dein Wunschprogramm zusammen!

Titel der Sendung	Beginn der Sendung	Ende der Sendung	Zeit vor dem Fernseher
			Min.
			Min.
			Min.
			Min. (insgesamt)

 2. Bevor du weiter auswählst – rechne aus, wieviel Zeit du schon vor dem Fernseher verbringst!

 3. Fernsehen allein macht Freude – aber was tun inzwischen deine Freunde?

So viele „Fernseh-Wörter"!

✏️ 4. Einige dieser Namenwörter (Hauptwörter) gehören ins Treppenrätsel.

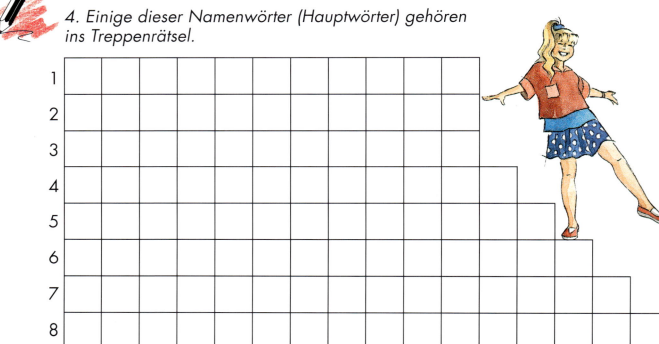

1 Dieser Film läuft nicht im Kino, sondern im Fernsehen.
2 Sehr hohes Bauwerk mit Antennen und Sendern.
3 Es erscheint in Farbe oder schwarzweiß auf der Mattscheibe.
4 Ein Apparat, der Bilder zeigt.
5 Von hier wird das Programm ausgestrahlt.
6 Darin kannst du das Fernsehprogramm nachlesen.
7 Wie heißt die Zusammenstellung aller Fernsehsendungen?
8 Diese Frau nennt dir das Fernsehprogramm.

Charly kann sich nicht entscheiden ...

... er schaltet zwischen
3 Programmen hin und her:

Räuber Ratzefatz schleicht durch den Wald. Es ist unheimlich still, wenig Licht dringt ins dichte Gebüsch.
Schlecht gelaunt fliegt an einem herrlichen warmen Sommerabend das Glühwürmchen Strahlefix durchs Dunkel.
Schon früh am Morgen macht sich Dagobert Duck auf den Weg in sein Bankhaus. „Geld zählen, Geld zählen – muß ich heute unbedingt, Geld zählen!"
„Ich brauche Essen und nochmals Essen!" knurrt der finstere Geselle. Plötzlich raschelt es – Schritte! Ratzefatz springt hinter einen Baum.
Er soll nicht mehr der reichste Mann sein – 1 Taler fehlt im dazu! Und das kam schon am Morgen in den Nachrichten!
„Ach, wenn ich nur nicht so allein wäre! Leuchtet mir denn niemand entgegen? Hallo, strahlt mich an! Strahlt mich doch an!"
„So, du bist jetzt dran – wer du auch bist! Ich hab' Hunger!" Die Schritte kommen näher, Ratzefatz springt hervor – „Uaah, nein, bitte nicht!!!"
Auf einmal wird es hell – immer heller, glühwürmchenhell!
„Au fein, prima – aber der hat vielleicht viel Energie!" wundert sich das Glühwürmchen Strahlefix –
Er schaufelt, gräbt, zählt und schwitzt. Da – mitten in seinen Goldtalern findet sich ein Hosenknopf! Der verschlafene Kassierer hat ihn wohl für einen Taler gehalten.
– und rumpelt gegen eine Taschenlampe!
Der Räuber wird kreideweiß, läßt seine Pistole fallen und saust davon, so schnell ihn seine krummen Beine tragen.
„Ich bin ruiniert! Ich bin der Zweitreichste!" jammert Dagobert Duck.
Mit dem 3 Meter großen Braunbär will er nichts zu tun haben – der hat auch Hunger! Räuberhunger!

Charly sieht und hört 3 Geschichten – male jede in einer anderen Farbe an.

IV Fernsehbilder in uns

Ist Fernsehen wirklich bloß sehen?

Unser Auge funktioniert wie ein Fotoapparat. Wenn wir etwas anschauen, zum Beispiel die Fernsehansagerin, so entsteht davon im Inneren unseres Auges (auf der Netzhaut) ein Bild.

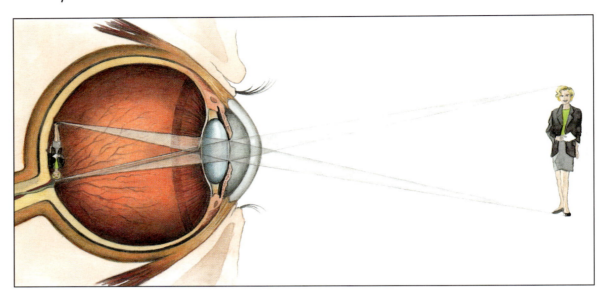

Es steht aber auf dem Kopf und ist verkleinert!

> So leitet es der Sehnerv weiter zum Gehirn. Im Gehirn wird das Bild verarbeitet. Es wird z. B. herumgedreht.

Nur so können wir alles richtig sehen.

Beim Sehen muß also dein Gehirn kräftig mitarbeiten. Außerdem denkst du auch noch über das Gesehene nach! Aus dem Fernseher strömen unzählige Bilder und oft wechselnde Szenen auf dich zu. Klar, daß die Verarbeitung all dieser Bilder für dein Gehirn sehr anstrengend ist. Schon nach 40–50 Minuten wird es müde, es kann nicht mehr alles aufnehmen. Manches vergißt du. Aber anderes verarbeitet dein Gehirn erst später, z. B. nachts. Dann träumst du!

Hoffentlich hast du keinen Krimi gesehen!

Was geschieht mit unserem Körper?

 1. Diese Kinder sitzen vor dem Fernseher. Was schauen sie wohl an?

 2. Was geschieht mit dir, wenn du etwas besonders Spannendes, Gruseliges, Aufregendes siehst?

Mein Herz _____

Meine Lippen _____

Mein Magen _____

Mein Mund _____

Meine Hände _____

Das haben Forscher herausgefunden:

Spannende Szenen im Fernsehen können deinen Herzschlag verändern!
Wie rasch dein Herz schlägt, kannst du am Puls feststellen. Lege die Finger deiner rechten Hand innen auf das linke Handgelenk. Dort spürst du den Puls! Normalerweise müßtest du in einer Minute 60–80 Pulsschläge zählen können.

So verändert sich der Pulsschlag, wenn spannende Szenen im Fernsehen zu beobachten sind.

Puls in Ruhe	60–80 Schläge
Puls beim Beginn der aufregenden Szene	71–89 Schläge
Puls an der spannendsten Stelle der Szene	94–105 Schläge
Puls nach dem Fernsehen	70–79 Schläge

Durch die Aufregung muß dein Herz viel mehr leisten!

Diese Aufregung kannst du an deinem ganzen Körper spüren:

Deine Hände werden feucht.
In der Magengegend kribbelt es. Du fühlst dort ein Drücken.
Dein Mund wird trocken. Du mußt häufiger schlucken.
Du schleckst häufiger mit der Zunge über deine Lippen.
Auch sie werden trocken.

Und wohin mit der Angst?

*Fernseher aus –
allein zu Haus!*

*Ich habe doch den Krimi angeschaut.
Wäre ich nur schon im Bett!
Und schon eingeschlafen.*

Die Küchentüre steht offen, das Fenster auch.

*Da wird doch keiner eingestiegen sein –
vielleicht einer mit einem Dolch oder einer Pistole –
vielleicht ist er jetzt schon in meinem Zimmer, hinter dem Schrank, unter dem Bett.
Oh je!*

*Hätte ich doch bloß die Tiersendung angeschaut!
Von der würde ich jetzt lieber träumen!*

Fernsehbilder – wirklich wahr?

Es spielte...

...Winnetou,
Häuptling der Apachen
...Pierre Brice, ein Franzose,
aus Brest in der Bretagne.

Er ist eigentlich gar kein Indianer,
genausowenig wie Telly Savalas
ein Polizist in New York war.

1. Eine Rolle zu spielen, stellst du dir sicher toll vor. Welche Person würdest du gerne sein? Welche Rolle würdest du gerne spielen?

...beim Spielen
mit Freunden: _____

...im Fasching: _____

...in der Pause: _____

2. Gibt es Michael, den tollen Autofahrer, der Verbrecher jagt, in der Fernsehserie „Knight Rider" wirklich?

Diese Rolle spielt der Filmschauspieler David Hasselhoff. Er ist in Wirklichkeit kein Polizist oder Kommissar. Er spielt diese Rolle immer nur 45 Minuten. In dieser Zeit spricht und handelt er so, wie es der Regisseur will. Außerdem gibt es ein Drehbuch. Darin ist genau beschrieben, wie er sich zu verhalten hat und was er zu sagen hat. Er spielt seine Rolle. Vorher hat er seine Rolle auswendig gelernt.

Übrigens:
Nach der Textvorlage, die der Schauspieler lernen muß, hat die Rolle ihren Namen. Früher wurde der Text des Schauspielers nicht in ein Buch, sondern auf einen langen Papierstreifen geschrieben. Diesen hatte der Schauspieler zusammengerollt in seiner Hand. Es war seine Rolle.

Das gibt's nur bei Film und Fernsehen!

Eine Rolle kann von 2 verschiedenen Schauspielern gespielt werden.

Ein Schauspieler spielt im Verlauf seines Lebens viele verschiedene Rollen.

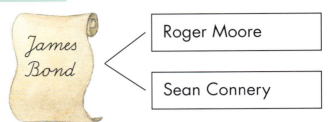

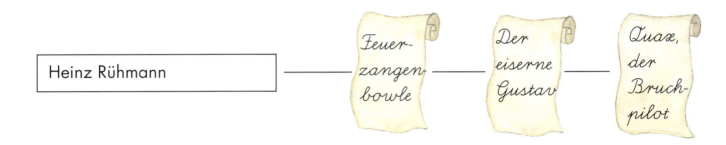

 Versuche, im Rollen-Puzzle (Bastelbogen D, hinten im Buch) Schauspieler und ihre Rollen herauszufinden. Ein Teil von diesem Puzzle kannst du auch selbst herstellen!

Ist dir schon aufgefallen, daß

- der **Franzose** Pierre Brice im Deutschen Fernsehen deutsch spricht?
- der **Amerikaner** David Hasselhoff im Deutschen Fernsehen deutsch spricht?
- der **Engländer** Roger Moore im Deutschen Fernsehen deutsch spricht?

Aber sie sprechen nicht alle die deutsche Sprache. Das ist auch nicht nötig. Deutschsprachige Schauspieler sprechen den Text zum Film. Fachleute sagen: sie synchronisieren. Sie leihen einem Schauspieler oder auch einer Zeichentrickfigur ihre Stimme.

 Wer leiht Pumuckl seine Stimme?

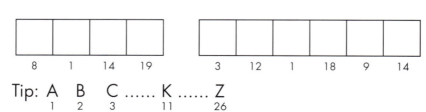

Bilder sagen nicht immer die Wahrheit

Wo steht das Mädchen?
Was begießt es?
Welches Wetter stellst du dir vor?

 1. Zeichne das Bild auf einem Blatt Papier weiter. Alle Fragen sollen beantwortet sein.

 2. Beantworte die Fragen.

Wo ist dieses Mädchen?
_____
_____

Was sieht es wohl?
_____
_____

Wie fühlt es sich?
_____
_____

Was wird geschehen?
_____
_____

Hättest du das gedacht?

Bilder sagen nicht immer die Wahrheit!

Was Fernsehbilder verstecken

Das ist der Drache Fuchur aus der „Unendlichen Geschichte". Im Film fliegt er hoch über der Erde. Sogar Bastian und Atréju können auf ihm reiten. Im Filmstudio liegt er leblos auf dem Boden. Nur Maschinen und Filmtricks lassen ihn scheinbar lebendig werden.

 1. Kennst du noch andere Filmfiguren, bei denen es ebenso ist?

_____

_____

_____

Stell dir vor: Old Shatterhand holt aus – ein gezielter, kräftiger Kinnhaken und der Bandit fällt um – er liegt bewußtlos am Boden.

 2. Ob der Bandit wohl zum Arzt muß? Wird Old Shatterhand sich entschuldigen? Sind sich die beiden nun böse?

Bei Filmaufnahmen gibt es Tricks:
Lex Barker, der Old Shatterhand spielt, stoppt mit seiner Hand kurz vor dem Gesicht des Schauspielers, oder er schlägt knapp am Gesicht vorbei. Der Kameramann wählt den Bildausschnitt so, daß das niemand sehen kann.
Der Schauspieler, der den Bandit spielt, hat das Hinfallen gut geübt. Es tut ihm sicher nicht weh! Er verletzt sich dabei nicht.

3. Was versteckt sich dahinter? Ordne den Filmtrick richtig zu, so entsteht dann das Lösungswort!

1 Eine blutende Nase

2 Schneesturm

3 Ein sinkendes Schiff

4 Ein Regenguß

5 Der weiße Hai

6 Herabstürzende Felsbrocken

7 Ein galoppierender Reiter in der Wüste

8 Ein Schauspieler stürzt eine Treppe herab.

(e) Ein Stuntman läßt sich anstelle des Schauspielers fallen.
(k) ist aus Plastik. Kleine Motoren bewegen ihn.
(r) ist künstlicher Schnee, den ein Ventilator herumwirbelt.
(st) sitzt auf einem Holzpferd, das sich bewegt. Die Landschaft, durch die er reitet, wird als Film eingespielt.
(i) wird als kleines Modell in einem Wasserbecken gefilmt, dann vergrößert.
(i) sind aus bemaltem, leichtem Styropor.
(T) ist nur rote Schminke.
(ck) kommt aus einer Wassersprühanlage.

4. Willst du noch mehr über Filmtricks erfahren, dann besuche doch mit deinen Eltern einmal ein Filmstudio. Das ist möglich z. B. bei den Bavaria Filmstudios in München. Auch in Köln oder Berlin gibt es solche Filmstudios.

Bild + Bild + Bild + ... = Zeichentrickfilm

Mickey Mouse, Donald Duck, Lupo – diese Figuren kennst du bestimmt. Walt Disney hat sie erfunden. In seinen Zeichentrickfilmen können diese Figuren sprechen und sich bewegen.

Und so wird das gemacht:
Beim Zeichentrickfilm wird jeder Moment einer Bewegung einzeln gezeichnet. Diese vielen Zeichnungen werden Bild für Bild mit der Kamera aufgenommen.

So sieht dann die Bildfolge auf dem Filmstreifen aus:

Aber erst, wenn die Bildfolge im Film rasch vorgeführt wird, siehst du die Figuren so, als ob sie sich bewegten.

Das kannst du selbst ausprobieren! Bastle dir aus dem Bastelbogen E ein Drehscheibenkino. Aus dem Bastelbogen F kannst du ein Daumenkino mit Bildern von Tarzan selbst herstellen. Beides findest du hinten im Buch.

Für eine Sekunde Film brauchte Walt Disney 24 einzelne Bilder. Heute haben Zeichentrickfilme im Fernsehen ungefähr 12 Bilder pro Sekunde.

1. Für eine Minute Film braucht man also heute mindestens 720 einzelne Bilder. Zeichentrickfilme dauern aber viel länger als eine Minute, manche laufen 10 Minuten, andere 20 Minuten oder gar 30 Minuten oder noch länger!

2. Kennst du diese Zeichentrickfilme? Achtung, hier ist einiges durcheinander geraten! Schreibe sie mit Groß- und Kleinbuchstaben richtig auf.

DIEB IENEM AJA _____

FREDFEU ER STEIN _____

NILS HOL GERSSON _____

GULLI VERS REIS EN _____

DIESE NDUNG MITDERM AUS _____

3. Du kennst bestimmt noch weitere Zeichentrickfilme!

_____

_____

_____

_____

Fernsehbilder früher – heute

VI

Vom Fernhören zum Fernsehen

Kannst du dir vorstellen, nur ein Radio in der Wohnung zu haben? So war es bei deinen Großeltern, als sie so alt waren wie du.

 1. Mit diesem Radio hörten sie Nachrichten, Musik, Hörspiele und vieles andere mehr. Dieses Gerät nannten sie:

								Ä				
22	15	12	11	19	5	13	16	6	14	7	5	18

Tip: A   B   C . . . . . . K . . . . . . Z
      1   2   3   11   26

 2. Befrage deine Großeltern: Wann haben sie damals Radio gehört? Welche Sendungen hörten sie? Schreibe ihre Antworten auf!

_____
_____
_____
_____
_____

Deine Großeltern haben auch erlebt, wie die ersten Fernsehgeräte entstanden. So sahen sie damals aus:

Fernsehempfänger von 1934

Fernsehempfänger von 1948

Ein bedeutendes Ereignis wurde damals schon im Fernsehen übertragen: die Olympiade 1936 in Berlin.

Aber:
Lange Zeit konnten sich viele Menschen das neue und sehr teure Fernsehgerät nicht leisten.

Fernsehgerät
ca. 1965–1970

Erst deine Eltern konnten sehen, wie sich die Fernsehgeräte verbesserten:

Zuerst sahen deine Eltern nur Filme in schwarzweiß. Diese werden auch heute noch gesendet. Die Fernsehzeitschrift macht dich mit Zeichen darauf aufmerksam:

Viele Schwarzweißfilme sind heute bereits sehr alt. Der Film „Die Freundinnen" ist z. B. 1955 entstanden und deshalb im Jahr 1995 bereits 40 Jahre alt. Und der Spielfilm „Der weiße Traum" von 1943 ist 1995 sogar schon 52 Jahre alt!

Fernsehgerät um 1990

 3. Suche in deiner Programmzeitschrift nach Schwarzweißfilmen und schreibe sie hier auf. Rechne aus, wie alt diese Filme heute sind!

_____

_____

_____

4. Befrage deine Eltern und Großeltern: Welche Sendungen wurden ausgestrahlt, als es nur Schwarzweißfernsehen gab? Um wieviel Uhr begannen die Sendungen? Wie viele Fernsehprogramme gab es?

_____
_____
_____
_____

5. Von alten Fernsehgeräten hast du nun gehört. Was aber ist das Besondere an modernen Fernsehgeräten? Findest du es im Silbenrätsel heraus?

FERN	VIDEO	STE	VIELE	FARB	VI
BE	RE	REO	PRO	FERN	DEO
DIE	COR	TON	GRAM	SE	TEXT
NUNG	DER		ME	HEN	

_____
_____
_____

6. Von welchem modernen Gerät ist in dem Text wohl die Rede? Als deine Großeltern so alt waren wie du, gab es dieses Gerät noch nicht!

22	9	4	5	15	18	5	3	15	18	4	5	18

Tip: A   B   C . . . . . . K . . . . . . Z
      1   2   3   11   26

Rätsel:
Es ist ein Aufzeichnungsgerät für Ton- und Bildsignale. Durch eine schnell drehende Trommel (= Scheibe) werden auf einem Band wie beim Kassettenrecorder Sendungen des Fernsehens aufgezeichnet. Man kann das programmieren. Bei der Wiedergabe kann man Zeitlupe, Standbild und schnelle Bildfolge wählen. Auch Aufzeichnungen in Stereoton sind möglich.

Du mußt nichts fürs Fernsehen bezahlen!

1. Frage deine Eltern, was sie bezahlt haben:

für das Fernsehgerät	_____ DM
für den Kabelanschluß oder die Antenne	_____ DM
für den Videorecorder	_____ DM
Summe:	_____ DM

Jetzt ist alles zu Hause fürs Fernsehen eingerichtet.
Aber: Du bist noch Schwarzseher!
Wer Radio oder Fernseher zu Hause benützt, muß Rundfunkgebühren bezahlen.

Hierhin überweist man das Geld:
An die GEZ
Gebühreneinzugszentrale der öffentlich-rechtlichen
Rundfunkanstalten in der Bundesrepublik Deutschland
50656 Köln

44

2. Alle Fernsehzuschauer kennen die Abkürzung für dieses lange Wort. Du auch?

 3. Befrage deine Eltern: Wie hoch sind die Gebühren für die Rundfunk- und Fernsehgeräte bei dir daheim?

 4. Hast du auch daran gedacht, daß das Fernsehgerät Strom verbraucht? Auch Strom muß bezahlt werden!

 5. Wie locker liest du lange Wörter?
Tip: Trenne einzelne Wörter mit einem senkrechten Strich ab!

VII Mach' dir selbst ein Bild!

Ri-ra-rutsch, das Fernsehbild ist futsch!

Ra-ru-ritsch!
Das Fernsehbild macht Pitsch!
und das am Sonntagnachmittag,
wo jeder Fernsehn sehen mag.
Ra-ru-ritsch!
Das Fernsehbild macht Pitsch!

Ru-ri-ratsch!
Welch ein Kladderadatsch!
Kein Sport, kein Flipper, kein Karl May.
Da bricht der Kaffeetisch entzwei.
Ru-ri-ratsch!
Welch ein Kladderadatsch!

Ri-ra-rutsch!
Das Fernsehbild ist futsch!
Die Kinder spielen Blindekuh
und noch dazu den Winnetou.
Ri-ra-rutsch!
Das Fernsehbild ist futsch!

1. Was wäre, wenn euer Fernsehgerät ausgerechnet am Samstagnachmittag kaputtginge? Kein Elektromeister kann kommen, die Geschäfte haben schon geschlossen. Samstag und Sonntag ohne Fernseher! Was fällt dir da ein?

_____
_____
_____
_____
_____
_____
_____

Mach' doch mal bei einem Experiment mit!
1 Tag ohne Fernseher!

Was kannst du tun?

Hier sind einige Vorschläge:

▶ Setze deine Ideen von der letzten Seite in die Tat um.
▶ Lade dir Freunde zum Spielen ein.
▶ Mach mal wieder einen Besuch.
▶ Mach einen Spaziergang und suche dabei

- etwas Hartes
- etwas Weiches
- etwas Gelbes
- etwas Rundes
- etwas Eckiges
- etwas, das schon 1000 Jahre alt ist
- etwas, das du in deinem Zimmer lange aufbewahren möchtest

▶ Male etwas Kleines riesig groß, zum Beispiel eine Feder, einen Finger, deinen Bleistiftspitzer oder ein Löwenzahnblatt.
▶ Bastle das Daumenkino aus diesem Buch. Du findest es hinten im Buch auf Bastelbogen F.
▶ Schlag deinen Eltern einen Ausflug vor.
▶ Schau fern in deinem Kopf! Wie das geht, erfährst du auf Seite 51.

47

Dieses Bild hat Peter Brueghel vor 400 Jahren gemalt. Damals hat noch niemand gewußt, was Fernsehen ist. 78 Kinderspiele konnte er zeichnen.

 2. Welche erkennst du? Schreibe sie hier auf!

_____
_____
_____
_____

Das Knöchelchenspiel

Ein Spiel aus dieser vergangenen Zeit möchten wir dir vorstellen. Es ist ein Geschicklichkeitsspiel. Du kannst es alleine oder mit Freunden spielen.

Das Knöchelchenspiel

Mit 5 Steinen, 5 Kastanien, 5 Tannenzapfen oder auch mit 5 Schafsknöchelchen spielten immer zwei Kinder dieses Spiel.

Das erste Kind spielte, das zweite beobachtete.

Vier Steine lagen links vor dem Spieler auf dem Boden. Ein Steinchen nahm das Kind in die Hand. Dieses Steinchen wurde hochgeworfen. Inzwischen mußte mit der anderen Hand ganz schnell ein weiteres der vier Steinchen von links nach rechts gelegt werden.

Vorsicht, das hochgeworfene Steinchen mußte wieder gefangen werden!

Jeder hatte vier Wurf. Wer die meisten Steinchen verlegen konnte, ohne daß das Wurfsteinchen zu Boden fiel, war der Sieger.

 Suche auf dem Bild von Brueghel die Kinder, die das Knöchelchenspiel spielen.

Mein fernsehfreier Tag

 Was hast du nun wirklich an deinem fernsehfreien Tag getan? Schreibe es als Erinnerung auf.

Wochentag   Datum

Mein fernsehfreier Tag

Fernsehen im Kopf

Fernsehen im Kopf ist möglich! Du kannst dir doch selbst Bilder und Geschichten ausdenken!

Zu diesem Bild haben sich Kinder Geschichten ausgedacht. Eine Geschichte kannst du als Beispiel hier lesen.

Tanja ging mit ihrer Familie in den Wald. Sie stolperte und fiel in die Dornen. Aber ihre Familie hatte das nicht gesehen. Da kam ein Bär aus dem Gebüsch gesprungen und half dem Mädchen. Danach sagte er: „Ich heiße Zottel!" Das Mädchen antwortete: „Ich heiße Tanja!" Nun gingen Zottel und Tanja zur Bärenhöhle. Dort sagte Tanja: „Ich habe Hunger." Der Bär holte schnell aus dem nahen Fluß vier Fische. Jeder bekam zwei. Dann fragte der Bär: „Tanja, hast du Durst?" „Ja", antwortete Tanja. Der Zottel nahm den Honigtopf, ging wieder zum Fluß und holte Wasser. Spät kam er mit Honiglimonade zurück. Tanja schlief schon. Dann deckte Zottelbär sie mit Stroh und Gras zu. In der Früh ging der Bär mit dem Mädchen spazieren. Da kam Tanjas Familie. Zottel der Bär darf bei der Familie bleiben, weil er so nett zu Tanja war.

Bestimmt fällt dir auch eine spannende Bärengeschichte ein! Nimm ein Heft oder ein Blatt und schreibe sie auf. Lies sie deinen Eltern oder Freunden vor!

Erfinde ein Drehbuch!

Das kannst du auch:
Erfinde zu dieser Zeichnung ein Drehbuch!

 1. Zeichne zuerst wichtige Filmausschnitte zu deiner Geschichte.

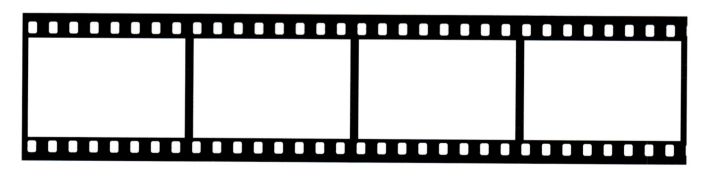

 2. Jetzt kannst du deine Geschichte auf der nächsten Seite aufschreiben. Viel Spaß dabei!

Filmtitel:

Filmhandlung:

„Fernseh-Wörter"-Abc

Hier findest du viele Wörter, die mit Fernsehen zu tun haben. Du hast sie im Buch gelesen und auch geschrieben. Weil sie alphabetisch geordnet sind, kannst du sie schnell aufsuchen und überprüfen, ob du richtig geschrieben hast. Du kannst dir einige Wörter auch diktieren lassen oder sie selber auswendig aufschreiben. Kreuze jedes Wort an, das du schon richtig schreiben kannst. Male die Wörter farbig an, bei denen dir noch Fehler unterlaufen.
Wenn du ein bestimmtes Wort hier nicht findest, schlage in einem Wörterbuch nach!

A
Abend
Abendprogramm
Abendsendung
Abenteuerfilm
Abkürzung
anmelden
ansagen
Ansagerin
Antennenkabel
Antennensteckdose
Apparat
Aufnahme
Aufnahmeteam
aufnehmen
aufregend
Auge
ausschalten
Ausschnitt
aussenden
ausstrahlen
Außenaufnahme

B
Bandit
berichten
Beleuchter
Berichterstatter
Bildausschnitt
Bildingenieur
Bildschirm
Buch
Bühne
Bühnenarbeiter
bunt

D
Dreharbeiten
Drehbuch
drehen
Drehort

E
einschalten
elektrisch
Empfang
empfangen
Erdfunkstelle

F
Fachgeschäft
Familie
Familienspiel
Fantasyfilm
Farbe
Farbfernseher
farbig
Fernsehansagerin
Fernsehapparat
Fernsehaufnahme
Fernsehbild
fernsehen
Fernseher
Fernsehfilm
Fernsehgebühren
Fernsehgerät
Fernsehspiel
Fernsehturm
Fernsehzeitschrift
Fernsehzeitung
Filmausschnitt

Filmfigur
Filmstreifen
Filmszene
flimmern
Frühstücksfernsehen
Funk
funktionieren
Funkturm
Fußballspiel

G
Gerät
Geräusche
Gutenachtgeschichte

H
Horrorfilm
hören
Hörer
Hörfunk
Hörspiel

I
interessant
Interview

K
Kabel
Kabelanschluß
Kabelfernsehen
Kabelnetz
Kamera
Kamerafrau
Kameramann
Kamerateam

Kindersendung
Kontinent
Kontrollraum
Komödie
Krimi

L
langweilig
laut
leise
Leitung
Lieblingssendung

M
Maske
Maskenbildner
matt
Mattscheibe
Mitarbeiter
Mitspieler
Musik
Musiksendung

N
Nachrichten
Nachrichtensprecher

O
Olympiade

P
Parabolantenne
Politik
Politiker
Programm
Programmheft
Programmhinweis
Programmzeitschrift

Q
Quiz
Quizsendung
Quizmaster

R
Radio
Radiosendung
Regie
Regisseur
Reporter
Rolle
Rundfunk
Rundfunksendung

S
sagen
Satellit
Satellitenschüssel
schalten
schauen
Schauspieler
Scheinwerfer
schwarz
Schwarzweißfilm
Schwingungen
sehen
Sehnerv
senden
Sendepause
Sender
Sendung
Serie
spannend
spät
spielen
Spielfilm
Spielshow
Sport
Sportreporter
Sportstudio
sprechen
Sprecher
Störung
Studio
synchronisieren
Szene

T
Talkshow
Telekom
Tennis
Tennismeisterschaft
Tonmeister
Toningenieur
Totale
Töne
Trick

U
uninteressant
unterhaltsam
Unterhaltung

V
Verfasser
verkabeln
Videorecorder
Volksempfänger

W
wählen
weiß
Wellen
Welt
Weltall
Weltmeisterschaft
Weltraum
Werbung
Western
Wildwestfilm
Wunschprogramm
Wunschsendung

Z
Zeichentrickfilm
Zeitschrift
Zeitung
zuhören
Zuhörer
zuschauen
Zuschauer

Rätselspiel:
Was findet hier statt?

Ergänze die fehlenden Buchstaben in den senkrechten Wörtern. Alle Begriffe haben mit dem Fernsehen zu tun. Das gesuchte waagerechte Wort sagt dir, was hier auf dem Bild stattfindet. Ein Fernsehprofi wie du wird das sicher schnell herausfinden.

Sende das Lösungswort an: Ernst Klett Verlag für Wissen und Bildung, Training und Unterrichtsservice, Postfach 1170, 71398 Korb.

So funktioniert die Teilnahme am AbenteuerTraining Rätselspiel:

Benutze die Lösungskarte oder eine ganz normale Postkarte. Die Teilnahme ist unabhängig vom Kauf eines AbenteuerTraining Buches. Mitmachen darf jeder, ausgenommen Mitarbeiterinnen und Mitarbeiter von Klett.

Die Verlosungen finden regelmäßig am Quartalsende, immer in der auf einen Stichtag folgenden Woche, statt. Deine Lösung sollte also spätestens bis 31. März, 30. Juni, 30. September oder 31. Dezember bei uns sein.

Der Stichtag für die erste Ziehung ist der 30. Juni 1995. Die letzte Verlosung ist in der Woche nach dem 31. Dezember 1997. Danach ist das AbenteuerTraining-Rätselspiel beendet.

Alle Gewinner werden innerhalb von 14 Tagen benachrichtigt. Der Rechtsweg ist ausgeschlossen.

ABSENDER

Hier Absender eintragen:

Vorname, Name

Alter

Straße Nr.

PLZ Wohnort

Antwort

Ernst Klett Verlag
für Wissen und Bildung GmbH
Training und Unterrichtsservice
Expeditionslager
Postfach 1170
71398 Korb

Bitte als Postkarte freimachen

Kein Rätsel ohne Preise!
Jetzt kannst du gewinnen:

Wir hoffen, du hattest mit dem Abenteuer-Rätsel viel Spaß. Wenn du die Lösung hast, dann schicke sie uns doch zu.

Wir verlosen tolle Preise unter allen richtigen Einsendungen. Nähere Angaben zur Teilnahme findest du auf der Rückseite. Wer weiß, vielleicht gehörst du schon bald zu den nächsten Gewinnern? Viel Glück!

1. Preis
Ein Zelt für zwei...
Ein Lager unter freiem Himmel – davon träumt jeder Abenteurer. An diesem Zelt wirst du in den Ferien ganz sicher viel Freude haben.

2. Preis
Ein Stereo-Walkman
Den zweiten Preis gibt es in jeder Runde zweimal: Wer seine Lieblingshits auch unterwegs dabei haben will, steckt sie mit diesem Walkman einfach in die Tasche.

3. Preis

Ein super-praktischer Rucksack...
Diesen Preis verlosen wir in jeder Runde dreifach! Ob beim Einkauf oder in der Freizeit: so ein Rucksack ist ein wirklich praktischer Begleiter.

...und 33 Trostpreise!
Wer keinen der drei ersten Preise gewinnt, hat immer noch eine Chance: 33 Bücher oder T-Shirts werden zusätzlich verlost!

AbenteuerTraining
Die Lösung

Trage hier die Lösung aus dem AbenteuerTraining Rätselspiel ein:

Jetzt heißt es nur noch: Mitmachen und ab die Post... Wird deine Karte gezogen, wirst du innerhalb von 14 Tagen benachrichtigt – viel Glück!

Der Rechtsweg ist ausgeschlossen